질문하는 경제 사전

질문❓하는 사전 시리즈 ②

석혜원 글

질문하는 경제 사전

정용환 그림

움직이는 경제 속에서 나의 역할은 무엇일까?

기업 정부 사람

풀빛

작가의 말

함께 잘사는 세상을 만들기 위한 '경제'

초등학생이 되기 전, 신기하고 궁금한 것이 아주 많았어요. 어른들이 그만 물어보라고 할 정도로 끊임없이 질문을 했지요. 그래도 묻고 또 물었어요. 하나하나 깨우치며 새로운 사실을 아는 일이 너무 재미있었으니까요.

《질문하는 경제 사전》은 경제에 대한 궁금증을 풀고, 경제의 흐름을 읽는 안목을 기르는 데 도움을 주기 위한 책입니다. 예전에 묻고 또 물으면서 알게 된 내용들은 노력하지 않아도 기억할 수 있었어요. 이 책을 읽으면서도 처음부터 자세한 내용을 모두 기억하려고 애쓸 필요는 없어요. 어른들은 돌아서면 잊어버리는 공룡 이름이나 특징을 모두 기억해서 공룡 박사란 말을 들었지요? 이처럼 경제에 대한 궁금증이 생길 때마다 이를 다룬 부분을 차근차근 읽다 보면 자기도 모르는 사이에 경제 박사가 될 거예요.

왜 경제를 알아야 하느냐고요? 눈을 떠서 잠들 때까지 우리의 생활은 모두 경제 활동이라고 할 수 있고, 항상 무언가 선택하며 살아야 해요. 선택할 때마다 제대로 된 판단을 내려야 하는데, 경제를 모르면 잘못된 판단을 내려 어려움을 겪을 수 있거든요.

아, 경제는 함께 잘사는 세상을 만들기 위해 생겨난 학문이니까, 선택의 기준은 '내'가 아닌 '우리'라는 점은 기억했으면 좋겠어요.

석혜원

차례

움직이는 경제 ······ 8

내가 경제를 안다고? ······ 10
생산은 뭐지? ······ 14
소비는 또 뭐고? ······ 18
돈은 어떻게 벌지? ······ 22
왜 기업을 세우지? ······ 26
너의 역할은 무엇일까? ······ 30

돌고 도는 돈 ······ 34

돈이란 무엇일까? ······ 36
누가 돈을 만들어? ······ 40
돈을 많이 만들어 나누어 주면 안 될까? ······ 44

우리가 저축한 돈은 어떻게 되지? ······ 48
다른 나라 돈으로 바꾸려면? ······ 52

시끌벅적 시장 ······ 56

시장이 사라진다면? ······ 58
독과점 시장이 뭐야? ······ 62
명절 전이라 과일값이 올랐다고? ······ 66
한우 고기는 왜 비싸지? ······ 70
왜 무역을 하지? ······ 74
공정 무역이 뭐야? ······ 78

함께 잘사는 나라 경제 ······ 82

경제가 성장하면 더 잘살게 될까? ······ 84
세금은 왜 내지? ······ 88
정부가 하는 일이 많아졌어? ······ 92
부자 나라가 되면 더 행복해질까? ······ 96

움직이는 경제

경제 활동은 어른들만 한다고?
그렇지 않아. 초등학생들도 경제 활동을 해.

사람들은 흔히 돈을 버는 일을 경제 활동이라고 생각하지만,
돈을 벌고, 쓰고, 불리고, 나누는 모든 활동이
경제 활동에 속하거든.

학교에서 공부하기, 학용품 사기, 놀이공원에서 놀기, 저축하기
모두 경제 활동이란다.
사람들이 매일 하는 활동들이 모두 경제 활동인 셈이지.

경제 활동은 크게 생산, 분배, 소비로 나누어.

생산
생활에 필요한
물건이나 서비스를
만드는 활동

소비
누군가 생산한 것을
돈을 내고
사용하는 활동

분배
생산 활동을 통해
번 돈을
나누어 갖는 활동

경제는 경제 활동은 물론이고 이와 관련된 질서나 제도까지 포함한 말이야.
그러니까 우리는 경제에 둘러싸여 살고 있는 거야.

우리 몸 상태가 항상 좋을 수 없듯이 경제 활동도 마찬가지야.
활발해졌다, 활기를 잃었다 변덕을 부리지.

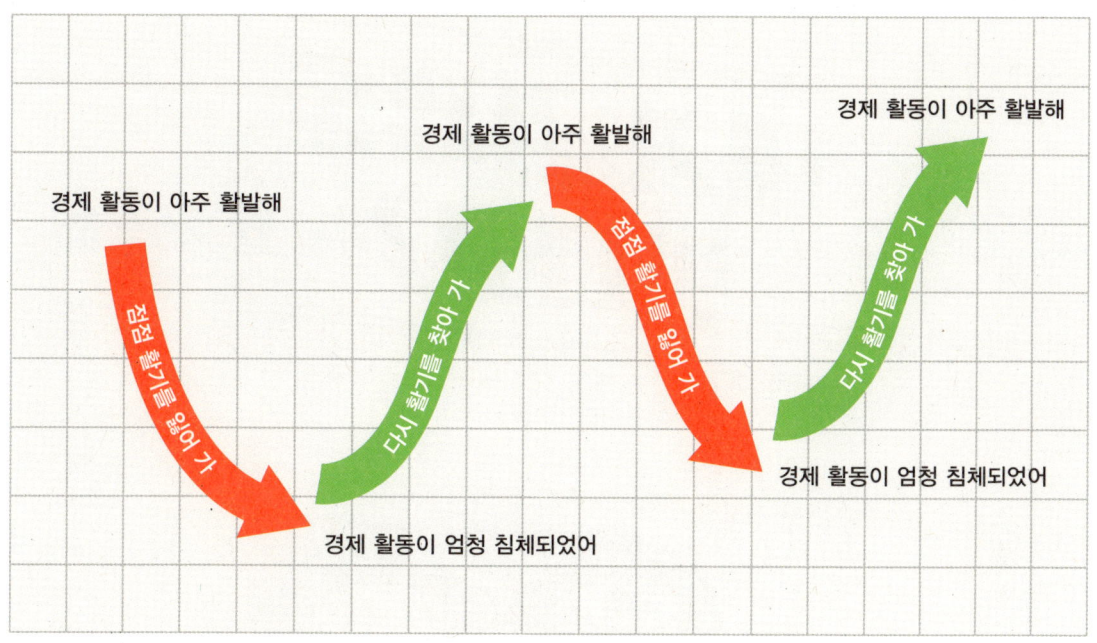

생산과 소비가 활발하게 이루어지면
경제는 지속적으로 성장하고 사람들의 생활도 풍족해지지.

하지만 20세기 후반부터 지나친 생산과 소비로
다음 세대가 사용할 자원이 부족해지고,
환경 오염이 심각해지는 문제가 발생했어.

경제 성장과 환경 보존,
둘 다 이루려면 어떻게 해야 할까?

내가 경제를 안다고?

경제는 어렵다고 생각할 수도 있어.
수요와 공급, 재화와 서비스,
금리, 환율, 주식 시세, 국제 유가 등
모르는 말이 너무 많으니까.

하지만 넌 이미 경제를 알고 있을걸.

무언가를 할 때마다
가장 적은 비용과 노력을 들여
가장 큰 효과를 얻으려고 하잖아.

생일 파티 할 때를 기억해 봐.
엄마가 10만 원을 주시며
파티를 하라고 하셨어.

패스트푸드점에서 할까,
집에서 할까를 고민하다가

피자와 치킨을 배달시키고
김밥과 과일, 음료수를 사 와서
집에서 파티를 했어.

집 밖에서 하는 것보다
더 많은 친구들을 초대할 수 있어서
가장 즐거울 거라고 판단했거든.

이번엔 생일 선물 고를 때를 생각해 보자.
게임기와 운동화, 둘 중 무얼 골랐지?

며칠을 고민하다가 결국 운동화를 선택했어.
게임기는 포기했지.

운동화를 선택하면서
포기한 게임기를 기회비용이라고 해.
기회비용은 무언가를 선택할 때
포기해야 되는 가장 큰 대가야.

기회비용에는 돈뿐만 아니라
시간이나 편리함 등도 포함돼.

물건을 사거나 어떤 일을 할 때
기회비용이 가장 적은 쪽을 선택하면
가장 덜 후회하게 되지.
그게 바로 경제 원칙이야.

알고 보니 지금까지 넌
경제 원칙에 따라 선택한 거였어.
어때? 경제라는 게
그리 어렵지만은 않지?

생산은 뭐지?

빵집에서는 매일 아침
밀가루, 우유, 달걀, 버터를 섞어
맛있는 식빵을 만들어.

식빵을 만드는 것처럼 생활에 필요한 재화와 서비스를 만들어 내는 것을 생산이라고 해.

재화란 옷, 컴퓨터, 가방, 운동화처럼 보고 만질 수 있는 물건이고,

서비스란 의사의 진료나 버스 운전처럼 사람들에게 편리함과 만족감을 주는 기술이나 활동을 말하지.

생산 과정에서는 새로운 가치가 생겨. 2천 원어치 재료로 4천 원짜리 식빵을 만들면 2천 원만큼 새로운 가치가 생기지. 이걸 부가 가치라고 해.

부가 가치가 높을수록
생산을 통해 벌어들이는 돈이 많아.
선진국일수록
부가 가치가 높은 산업이 발달했지.

산업은 뭐냐고?
무엇을 어떻게 생산하느냐에 따라
생산 활동을 나눈 거야.

1차 산업은 농업, 수산업, 임업처럼
자연환경을 직접 이용해서 천연자원이나
상품의 원료를 얻는 활동이야.

2차 산업은 광업과 제조업, 건설업처럼
천연자원이나 상품의 원료를 이용해서
무언가 만드는 활동이고.

3차 산업은 상업, 금융업, 운수업, 관광업 같은 서비스 산업이지.

생산 환경이 바뀌면 직업에도 변화가 생겨. 컴퓨터가 등장하자 컴퓨터 프로그래머라는 직업이 생긴 것처럼 말이야.

기술 발전이 계속되니까 생산 환경은 더 달라질걸? 아마도 사람 대신 로봇이 일하는 음식점이나 상점도 있을 거야.

혹시 20년 후엔 로봇이 농구 심판을 보는 건 아닐까?

소비는 또 뭐고?

늘 용돈이 부족하다고?
혹시 소비를 너무 좋아하는 건 아니니?

소비란 누군가 생산한 것을
돈을 내고 사는 거야.

버스 타기, 영화 보기,
놀이공원 가기, 장난감 사기
모두 소비에 속해.

우리가 소비를 통해
생산한 것에 대한 값을 지불하면

비로소 부가 가치가 생산자의
손에 들어가.

그런데 만약 사람들이 돈을 벌기만 하고
쓰지 않으면 어떻게 될까?

물건이 팔리지 않으면 생산이 줄고
일자리도 줄어들어 경제가 어려워져.

그러니까 소비는
경제를 돌리는 윤활유인 셈이지.
소비가 살아야 경제 성장이 가능해.

그런데 20세기 후반부터
성장만 좇는 경제 활동을 멈추고
지구를 살리자는 움직임이 나타났어.

지나친 생산과 소비는
미래 세대가 쓸 자원을 없애고
환경 오염과 파괴를 일으키거든.

일회용품 사용을 줄이고 물이나 전기를
아껴 쓰고 자가용 대신 버스를 타는 것
모두 지구를 살리는 소비야.

매년 11월 마지막 금요일은
'아무것도 사지 않는 날'이야.
꼭 필요한 소비를 했는지
되돌아보자고 만든 날이지.

만약 우리가 지금처럼 소비를 한다면
지구는 어떻게 될까?

돈은 어떻게 벌지?

오늘은 엄마가 월급 받는 날이야.
한 달에 한 번 소득이 생기는 날이지.

소득은 경제 활동을 통해서 번 돈이야.

대부분 사람들은 엄마처럼
직장에서 일을 하고 돈을 벌어.
이렇게 번 돈을 근로 소득이라고 해.

엄마 회사의 주인처럼 기업을 경영하거나
농사를 짓는 것처럼 자신이 직접
경영을 하고 번 돈은 사업 소득이야.

소득이 생기는 또 다른 방법도 있어.
건물을 빌려주고 임대료를 받거나
예금을 하고 이자를 받으면 재산 소득을 얻지.

국민연금이나 개인연금 보험료를 낸
사람들은 나이 들면 연금 소득이 생겨.

로토 복권에 당첨되면 기타 소득이 생기지.
하지만 1등 당첨 확률은
벼락 맞을 확률보다 낮다고 하니
너무 큰 걸 바라지 않는 게 좋아.

돈을 아주 많이 버는 사람도 있고,
돈을 거의 못 버는 사람도 있어.
왜 이런 차이가 생길까?

생산 활동의 종류, 교육의 정도와
전문 지식, 일에 쏟는 시간이나 노력,
물려받은 재산이 모두 다르기 때문이야.

소득이나 재산의 차이가 크면 사람들 사이에 갈등이 생겨.

그래서 정부에서는 소득과 재산이 많은 사람으로부터 세금을 많이 걷어서 가난한 사람을 위해 쓰기도 하지.

서로 도우며 잘살아 보자며 기부를 하는 사람들도 있어. 다른 사람을 위해 자기 돈을 대가 없이 내놓는 거야.

소득이나 재산의 차이를 해결할 다른 방법은 없을까?

왜 기업을 세우지?

동네 세탁소 아저씨가
자기를 멋진 기업가라고 소개하고 있어.
아저씨는 허풍쟁이라고?

아저씨 말이 틀린 건 아니야.
세탁소도 기업이니까.

기업은 돈을 벌기 위해 생산을 하는
모든 조직을 뜻하는 말이거든.

기업의 목표는 돈을 많이 버는 것,
즉 이윤을 많이 남기는 거야.

하지만 수단과 방법을 가리지 않고
돈만 벌려고 하면 안 돼.

법을 잘 지키고
환경 보존이나 소비자 보호와 같은
가치를 존중해야지.

또 재해나 힘든 일이 생기면
앞장서서 지원하고 어려운 이웃을 돕는 등
이윤의 일부를 사회에 돌려줄 책임도 있어.

돈을 벌기 위해 기업을 세우기는 하지만
기업은 사람들에게 일자리를 만들어 줘.

기업이 문을 닫아 일자리가 사라지면
사람들은 일을 하고 돈을 벌 수 없어.
당연히 소비도 줄어들겠지?

그래서 기업을 경제 활동을 이끌고 가는 기관차라고 해.

그리고 그 기관차는 노동자들이 열심히 일해서 함께 움직이지.

기업의 경영자와 노동자가 하나가 되면 생산이 효율적으로 이루어지겠지? 기업은 이윤도 쑥쑥 올라가고.

어떻게 하면 이런 환경이 만들어질까?

너의 역할은 무엇일까?

경제는 사람, 기업, 정부라는
세 바퀴로 움직이는 세발자전거야.

사람은 일을 하여 돈을 벌고, 그 돈으로 생활에 필요한 물건과 서비스를 사.

기업은 일할 사람을 고용하고 원재료를 사서 상품과 서비스를 만들어. 그리고 시장에 팔아 돈을 벌지.

정부는 사람과 기업에게 세금을 걷어서 국방과 치안, 교육과 복지를 비롯한 많은 일을 하려고 일할 사람을 고용하고 필요한 상품과 서비스를 사.

쉬지 않고 움직이는 경제 속에서
너의 역할은 무엇일까?

넌 세상을 바꿀 수 있는 소비자야.
네가 가격이나 품질뿐만 아니라
어떤 재료로 어떻게 생산했는지 따져 보며
물건을 산다면

동물을 괴롭히거나, 환경을 오염시키고
어린이들에게 일을 시키며 하는
생산 활동을 멈추게 할 수 있어.

넌 미래의 일꾼이야.
생산 환경이 빠르게 변하고 있어서
네가 일할 환경도 많이 달라질 수 있어.
어쩌면 넌 직업을 여러 번 바꾸게 될지도 몰라.

하지만 걱정하지 마.
무슨 일을 하든지 열정적인 생산자가 되면
항상 즐겁게 잘할 수 있어.

넌 당당한 대한민국 국민이야.
지금은 세금 혜택을 받으며
공부하고 있지만 돈을 벌게 되면
네 몫의 세금을 내겠지.

정부의 경제 활동이
네가 원하는 방향으로 나아가도록
나라의 살림살이와 경제 정책에
의견과 관심, 칭찬과 비판을 할 수도 있어.

네가 할 역할이 참 많지?

돌고 도는 돈

2024년 말 기준 우리나라 안에 있는 지폐와 동전의 금액은 모두 얼마일까? 무려 183조 2천억 원이야.

신사임당이 그려진 5만원 지폐 비중이 80% 이상을 차지해.

그런데 돈이 왜 필요하지?

로빈슨 크루소처럼 무인도에 산다면 돈이 필요 없어.

다른 사람과 무엇을 사고팔지 않고 스스로 필요한 것들을 만들어 사용하니까
돈을 벌고, 쓰고, 나누는 일이 일어날 수 없거든.

돈이 없어도 경제 활동이 일어날 수는 있어.

물건과 물건을 맞바꾸는 물물 교환만 하면 돈이 없어도 되지.
하지만 서로 바꾸고 싶은 물건을 가진 사람을 찾는 건 정말 어려워.

그래서 거래를 더 편하고 쉽게 하는 방법을 찾다가
돈이 태어난 거란다.

돈은 경제의 혈액이라고도 해. 왜 그럴까?

피가 우리 몸속을 돌면서 필요한 영양소를 골고루 날라 주듯이
돈이 경제 활동이 이루어지는 곳을 돌아다녀야
경제가 원활하게 돌아가게 하거든.

그러니까 돈은 돌고 돌아야 해!

금융이란 서로 돈을 빌리고 빌려주는 것이야.
여윳돈이 있는 사람과 돈을 필요로 하는 사람을 연결해 주는 거지.

은행처럼 금융이 원활하게 이루어지도록 돕는 기관을
금융 회사라고 해.
돈을 빌려주고 빌리는 데 드는 시간과 노력을 줄여 주는
금융 회사는 경제의 심장이야.

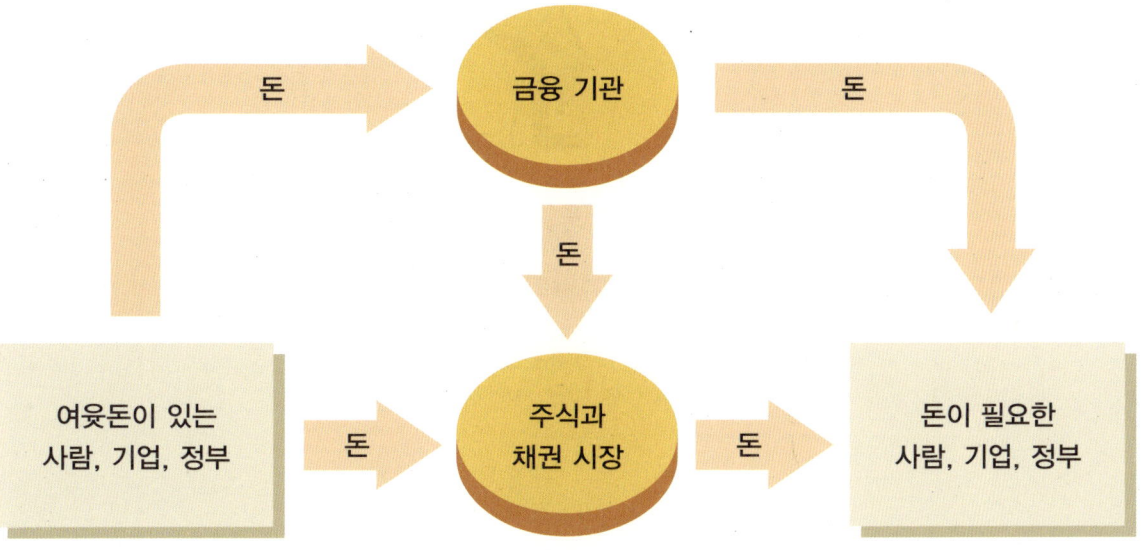

돈이란 무엇일까?

돈이 없으면 아무것도 살 수가 없어.
대체 돈이 뭐기에 그럴까?

돈은 누구에게나 인정받을 수 있는
지불 수단이야.

돈을 내면 아이스크림을 사거나
버스를 탈 수 있어.
돈이 교환을 중개하는 역할을 하거든.

아이스크림 천 원, 초등학생
버스 요금 550원이란, 물건과 서비스의
가치를 돈의 가치로 나타낸 거야.

돈만 있으면 언제든지 필요한 재화와
서비스를 살 수 있어. 지폐나 동전은 표시된
금액만큼의 가치를 항상 지니고 있으니까.

옛날에는 소금이나 조개, 쌀과 같은
물품들을 화폐처럼 사용했어.
이를 물품 화폐라고 해.
물품 화폐는 망가지거나 변하기 쉬웠어.

그래서 단단하고 잘 변하지 않는
금속을 돈으로 사용하기 시작했어.
금속의 가치를 확인하려고
불편해도 거래 때마다 무게를 재곤 했지.

그러다 금속을 일정한 모양으로 만든
동전이 생겨났어.

나중에는 종이돈도 만들어 썼어.
사람들은 화폐에 값을 적고
그 화폐는 그만큼의 값어치를
나타내는 걸로 약속했어.

돈이 많으면 정말 좋을 거야!
사고 싶은 것을 마음껏 사고
남을 위해서 좋은 일도 할 수 있으니까.

하지만 돈으로 살 수 없는 것도 많아.
우정이나 사랑, 용기, 평화 같은 것은
아무리 돈이 많아도 살 수 없지.

영국의 철학자 베이컨은
돈은 가장 좋은 주인이며 가장 나쁜
하인이라고 했어.

나에게 돈은 주인일까, 하인일까?

누가 돈을 만들어?

돈이 필요하면
팍팍 찍어 내~

옛날에는 왕이나 황제들이
마음대로 돈을 만들었어.
필요하면 되는 대로 찍어 냈지.

하지만 발행했다고 모두 돈으로
사용된 건 아니었어.
사람들의 믿음을 얻지 못한 돈은
널리 쓰이지 못하고 결국 사라졌어.

17세기 프랑스 지배를 받았던
캐나다 일부 지역에서는
총독이 서명한 트럼프 카드를
돈으로 사용했어.

프랑스 정부에서 식민지였던 이곳으로
돈을 보내 왔는데 다른 나라와 계속
전쟁을 하는 등 여러 문제로
수년 동안 화폐를 보내지 못했거든.

총독은 정부에서 돈을 보내오면
트럼프 카드를 돈과 바꿔 준다고 약속했고
총독의 말을 믿은 사람들은
트럼프 카드를 돈 대신 사용한 거야.

트럼프 카드를 돈으로 썼다니
어떻게 그럴 수 있느냐고?

돈의 생명은 신용이지.
사람들이 트럼프 카드에 서명한
총독의 약속을 믿었거든.

아무나 돈을 발행하면
어떤 돈을 믿어야 할지 혼란이 생기니까
나라마다 화폐를 발행하는 기관이 정해져 있어.

우리나라에서는 중앙은행인
한국은행이 돈을 만들어.

5만 원권 위조 방지 장치

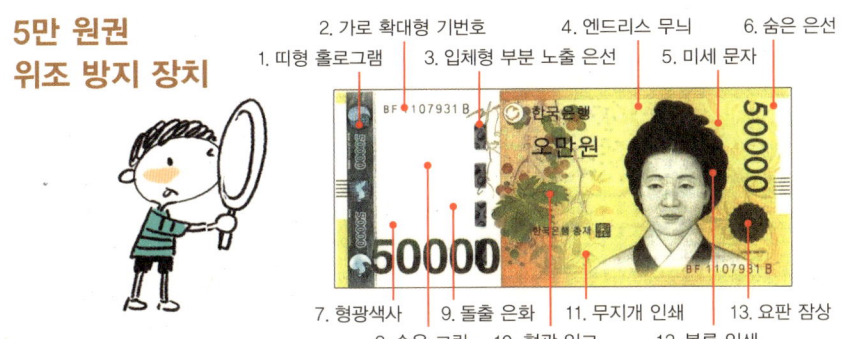

1. 띠형 홀로그램
2. 가로 확대형 기번호
3. 입체형 부분 노출 은선
4. 엔드리스 무늬
5. 미세 문자
6. 숨은 은선
7. 형광색사
8. 숨은 그림
9. 돌출 은화
10. 형광 잉크
11. 무지개 인쇄
12. 볼록 인쇄
13. 요판 잠상

어느 나라 돈이든 모든 돈에는 가짜 돈을 가려낼 수 있는 여러 가지 방법들이 숨어 있어.

장난으로 가짜 돈을 만들어 본다고?
큰일 날 소리!

위조지폐를 만들면
무조건 벌을 받는다고!

돈을 많이 만들어 나누어 주면 안 될까?

옛날 왕이나 황제들은
화려한 궁궐을 만들거나 전쟁을 치르기 위해
마음대로 돈을 만들었어.

우리도 돈을 많이 만들어서
가난한 사람들에게 나누어 주자고 할까?

그런데 돈을 열 배 더 만들어 나누어 준다고
사람들이 열 배로 부자가 되는 건 아니야.
돈도 다른 물건처럼 흔해지면
가치가 떨어지거든.

돈을 많이 만들어 나누어 주면
나라 안에서 돌고 도는 돈의 양이 늘어나.

나라 안에 있는 물건의 양은
늘어나지 않고 돈만 열 배 늘어나면
물건 가격은 열 배로 올라가.
반대로 돈 가치는 10분의 1로 줄어든 거지.

제1차 세계 대전에서 패한 독일은
엄청난 전쟁 배상금을 갚으려고
아주 많은 돈을 찍어 냈어.

그러자 물가는 폭등하여
빵 한 조각을 사려면 돈을 수레에
가득 싣고 가야 할 정도였대.

물가는 여러 재화와 서비스의 가격을
한데 묶어서 나누어 얻어지는
평균적인 가격이야.

생산량이 늘어나 경제 규모가 커지면
커진 규모에 적당하게 돈의 양이 늘어나야
경제 활동이 원활하게 이루어져.

그러나 알맞은 양보다 돈이 더 늘어나면
물가가 올라.

대부분의 재화나 서비스의 가격이 올라서
물가가 오르면 사람들의 살림살이가
힘들어지지.

2천 원 하던 떡볶이가 4천 원으로 오르면
네 용돈은 금방 줄어들겠지?

그래서 한국은행은
물가 안정을 위해 나라 안에서 사용되는
돈의 양이 항상 경제 규모에
적당한 수준이 되도록 조절한단다.

우리가 저축한 돈은 어떻게 되지?

땡그랑, 한 푼.
돼지저금통이 아유 무거워!

혹시 장난감을 사려고
용돈을 쓰지 않고 모은 적 있니?
저축 말이야.

많은 사람들이 저축을 해.
그런데 저축을 왜 하는 걸까?

네가 장난감을 사려고 돈을 모으는 것처럼
사람들은 미래의 소비를 위해서
저축을 해.

예상치 못한 일이 생겨서
갑자기 돈을 써야 하는 때를 대비하려고
저축하기도 하지.

하지만 저축을 하는 또 다른 이유는
은행에서 이자를 주기 때문이야.
저축한 돈의 일정 비율을 더 얹어 주는 거지.

왜 돈을 맡기는데 돈을 주느냐고?

은행은 우리가 맡긴 돈을
돈이 필요한 사람이나 기업에 빌려줘.

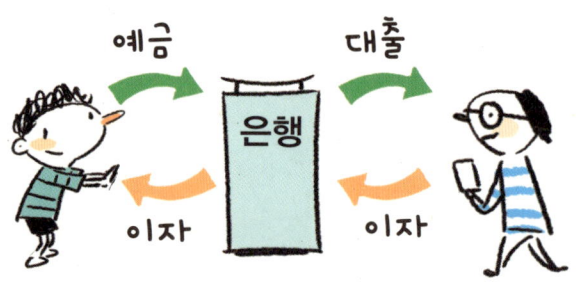

돈을 빌린 사람들은
돈을 갚을 때 이자를 더해서 내.
은행은 그 이자 중 일부를
돈을 맡긴 사람에게 주는 거지.

돈이 필요한 곳으로 흘러가면
경제 활동이 활발해져.
특히 기업의 투자는 새로운 일자리를 만들고
나라 경제가 쑥쑥 자라게 해.

그러니까 우리가 저축한 돈은 나라 경제를
튼튼하게 만드는 영양소가 되는 거야.

혹시 은행이 망해서
맡긴 돈을 찾지 못할 수도 있느냐고?

예금자 보호가 되는 상품에 저축하면
예금 보험 공사가 대신 돌려주니
걱정하지 않아도 돼.

다른 나라 돈으로 바꾸려면?

해외여행을 가게 되었다고?
그럼 은행에 가서 환전을 해야겠네.
환전은 서로 다른 나라의 돈끼리 바꾸는 거야.

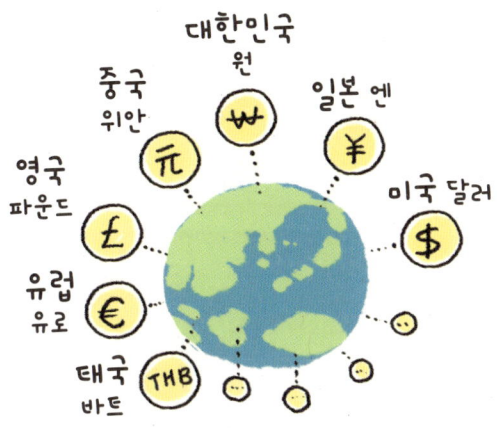

나라마다 다른 돈을 쓰니까
해외여행을 하려면
그 나라에서 쓰는 돈을 준비해야지.

서로 다른 나라의 돈을 바꿀 때
적용하는 비율을 환율이라고 해.

여러 나라에서 사용하는 돈의 종류가
많다 보니 환율의 종류는 아주 다양해.
그런데 그냥 환율이라고 하면
원화와 미국 달러화의 교환 비율을 말해.

환율이 1150원일 때
미국 돈 1달러를 바꾸려면 원화로
1150원이 필요해.

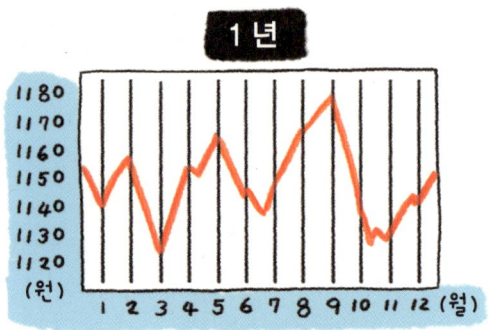

환율은 각 나라의 경제 사정이나
세계 경제의 흐름에 따라 계속 변해.

환율이 1200원에서 1100원으로 바뀌었다면
환율이 내렸다고 해.

해외여행을 하려고 환전해야 한다면
환율이 내리면 좋아.
언제 환율이 내려갈까?

수출이 늘거나 외국인의 투자가 많아져
국내로 들어오는 달러화가 많아지면
환율이 내려가.

반대로 수입이나 해외여행,
해외 투자가 늘어나 해외로 나가는
달러화가 늘어나면 환율이 올라가지.

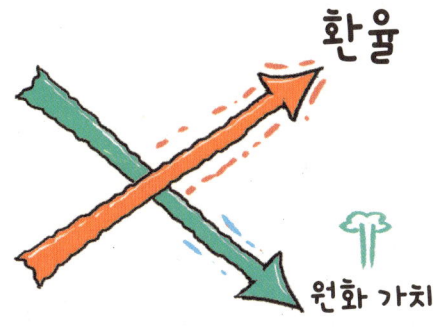

환율과 원화 가치는 반대로 움직여.

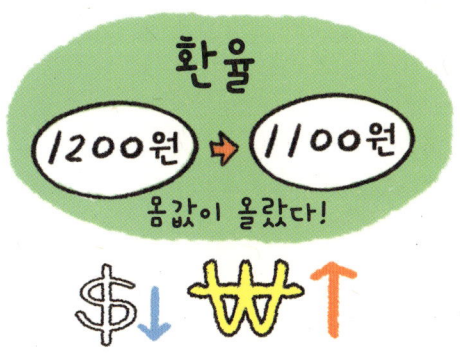

1달러를 바꾸려면 1200원이 필요했는데
환율이 내려 1100원만 필요해졌다면
원화 가치가 올라간 거야.

수출하는 기업들은 환율이 오르는 걸 좋아해.
달러화로 매겨진 수출 가격은 같아도
원화로 바꾸면 이익이 커지니까.

우리나라에는
몇 개의 시장이 있을까?

정확한 숫자는 알 수 없어.
시장은 상품을 사고 파는 거래가 이루어지는
모든 장소와 제도를 뜻하는데,
이를 모두 셀 방법이 없거든.

재래시장, 백화점, 편의점, 슈퍼마켓 등 물건이 거래되는 곳은 물론이고
주식을 거래하는 주식 시장, 외국 통화를 거래하는 외환 시장 등
뭐든 거래가 이루어지면 모두 시장이야.
건물이나 장소가 눈에 보이지 않는 온라인 쇼핑몰도 시장이지.

시장에서 거래되는 물건 중에는
다른 나라에서 만들어진 것도 아주 많아.
그래서 세계가 하나의 시장이 되었다고 하지.

시장에는 누가 모여들어?

시장에는 생산자, 운반자, 판매자, 소비자는 물론
시장의 독특한 문화를 구경하려는 관광객까지 모여들어.

시장은 언제나 시끌벅적해!

가격은 재화나 서비스의 가치를 돈으로 나타낸 것이야.

가격은 항상 변해.

같은 물건이라도 시장 상황에 따라
팔리는 양과 사려는 양이 수시로 달라지기 때문이지.

18세기 영국의 철학자 애덤 스미스는 시장에는 보이지 않는 손이 있어서
시장에서 팔리는 물건의 양과 가격이 저절로 조절된다고 했어.

시장에서 물건 가격과 팔리는 양이 정해져.

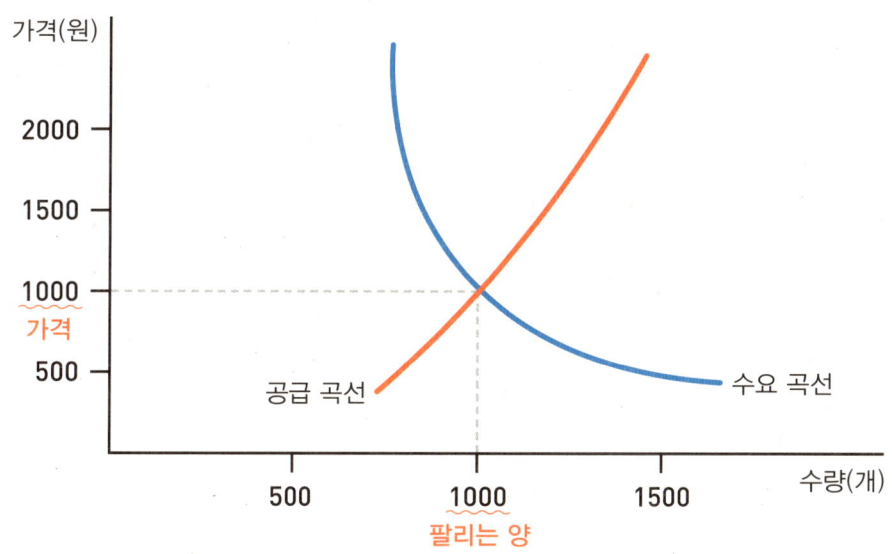

시장이 사라진다면?

으악, 시장이 사라졌네!
이 물건들을 어디 가서 팔지?

시장이 사라진다면 물건을 팔 사람은
살 사람을 찾아다녀야 하니
너무 불편할 거야.

제때 팔지 못해서
상하기 쉬운 과일, 채소, 생선은
그냥 버리는 일도 생길 거고.

물건을 사려는 사람은
필요한 물건을 만드는 사람을
직접 찾아 나서야겠지.

만드는 사람을 찾을 수 없으면
스스로 필요한 것을 만들어야 해.

그런데 시장이 있어서
이런 고생은 하지 않아도 되지.
언제라도 물건을 편하게 사고팔 수 있어.

거래가 쉬워지면
저장하거나 보관하는 비용이 줄어들어서
가격을 낮추는 효과도 생겨.

시장에서는 물건을
사고팔기만 하는 건 아니야.

생산자는 시장을 통해 신제품을 알리고
소비자 반응도 알아볼 수 있어.

소비자는
마음에 드는 상품을 고르기 위한
유용한 정보를 얻을 수 있지.

처음 시장이 생겼을 때는
물건을 만든 사람이 직접 팔았는데
언제부턴가 상인들이 생겨났어.

생산자가 판매도 함께하면
신경 쓸 일이 너무 많아서
물건을 만드는 데 온 힘을 쏟을 수 없는데

판매는 다른 사람에게 맡기고
생산에만 몰두하니까
품질이 더 좋고 다양한 물건들이 만들어졌어.

독과점 시장이 뭐야?

올 여름엔 에어컨을 사기로 했어.
그런데 에어컨을 만드는 회사는
몇 개밖에 없네?

에어컨이나 자동차, 이동 통신 서비스처럼 생산자가 몇 개밖에 없는 시장을 과점 시장이라고 해.

과점 시장에서는 생산자끼리 서로 짜고 가격을 높일 수 있어.

생산 기업이 아예 하나뿐인 독점 시장도 있어.

이 기업은 자기 마음대로 가격을 결정할 수 있지.

그럼 가격이 엄청나게 비싸겠다고?

20세기 초까지는 그랬는데, 지금은 대부분 나라에서 이런 횡포를 없애려고 독점을 법으로 금하고 있어.

하지만 정부나 지방 공공 단체가 나서서 독점 시장을 만들기도 해.

일상생활에 필수적인 철도와 도로와 항만 건설이나 수돗물과 전기를 공급하는 시장처럼 말이야.

설사 민간 기업에게
이런 재화와 서비스를 생산하게 하더라도
가격은 정부나 지방 공공 단체가 결정해.

이런 재화와 서비스의 요금이 올라가면
모든 상품의 생산 비용이 올라가서
다른 물가도 덩달아 올라가거든.

가격을 올리지 못해서
생산 기업이 손해를 보다가
문을 닫아 버리면 큰일이라고?

그래서 생산 기업이 손해를 보면
정부가 세금으로 보조금을 지급하여
이를 메워 주기도 하지.

명절 전이라 과일값이 올랐다고?

명절이 다가오니
과일 가격이 마구 올라가네.

학용품이나 과자 같은 공산품 가격은
거의 변하지 않는데,

과일과 채소 같은 농산물 가격은
날마다 달라져. 왜 그럴까?

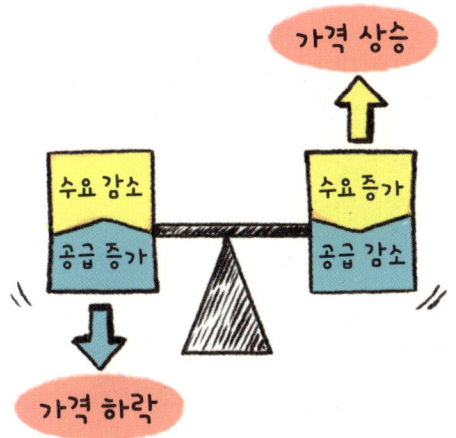

가격이 변하는 것은 시장에서
수요와 공급이 달라지기 때문이야.

공급은 재화나 서비스를 팔기 위해
물건을 내놓는 것이고,

수요는 돈을 내고
재화나 서비스를 사려는 것이야.

어제 사과 한 개가 천 원이었으면
사과를 파는 사람과 사는 사람이
모두 만족하는 가격이 천 원이었다는 거야.

그런데 오늘 1200원으로 올랐다면
시장에 팔기 위해 나온 사과 양이 줄거나
사려는 사과의 양이 늘어났기 때문이지.

가격이 올라가면
생산자는 공급을 늘리려고 해.

공산품은 공장에서 물건을 더 많이 만들면
어렵지 않게 공급을 늘릴 수 있어.

그러나 과일은 수확까지
긴 시간이 걸리기 때문에 공급을
갑자기 늘릴 수 없지.

명절에는 선물이나 차례를 위해
집집마다 과일을 많이 사는데

늘어난 수요를 공급이 따라잡지 못하니
가격이 오르는 거야.

한우 고기는 왜 비싸지?

쇠고기 뭇국을 정말 좋아하나 봐.
국물 한 방울도 안 남긴 걸 보면.

쇠고기 뭇국은 누린내가 적은
한우 고기를 넣고 끓여야 맛있대.
그런데 한우 고기는 너무 비싸.

한우 고기 가격이
다른 고기 가격만큼 저렴하면 좋을 텐데.

한우 고기는 다른 고기들보다
팔 수 있는 양이 훨씬 적어서 비싼 거야.

한우 고기를 좋아하는 사람이 많은데
왜 공급량을 늘리지 않을까?

한우 고기 공급이 늘어나려면
기르는 한우의 수가 늘어나야 해.

한우를 기르는 비용은 만만치 않아.
송아지를 키워 한우 고기를 얻기까지
거의 30개월이 걸리거든.

만약 한우의 수가 늘어나
한우 공급이 늘어난다면 한우 가격은
내려갈 거야.

한우 가격이 내려가면
한우를 키워 팔아서 받는 돈이 기르는 데
들어가는 비용보다 적어질 수 있어.

그래서 손해를 보게 되면
한우 키우기를 포기하는 사람들이 생기겠지.

자연히 한우 수는 줄어들어
팔 수 있는 한우 고기는 줄어들게 돼.
다시 한우 고기 가격은 올라가고.

유명한 경제학자 애덤 스미스가 말한
'보이지 않는 손이 팔리는 물건의
양과 가격을 조절한다.'는 게 실감 나지?

한우 키우는 비용이 엄청나게
줄어들지 않는 한 한우 고기 가격이
훨씬 저렴해지는 건 기대하기 힘들어.

왜 무역을 하지?

12월 5일은 '무역의 날'이야.
2011년 12월 5일 한국 무역액이 세계에서 아홉 번째로
1조 달러를 돌파한 걸 기념하는 날이지.

무역은 나라끼리 필요한 것을 사고파는 거야. 주로 상품이나 기술, 원자재 등을 사고팔지.

수출은 외국에 파는 것이고 수입은 외국으로부터 사들이는 것이야.

우리나라는 반도체, 자동차, 스마트폰과 선박을 많이 수출해. 다른 나라보다 기술력이 좋거든.

옷이나 신발 같은 건 주로 중국이나 동남아시아에서 수입해. 직접 만드는 것보다 싸게 들여올 수 있으니까.

가장 많이 수입하는 건
우리나라에서 생산되지 않는 원유야.

무역은 어떤 나라에서
전혀 구할 수 없는 것들을 수입하거나
필요한 물건을 싼값에 살 수 있게 해 줘.

만약 우리가 원유를 수입할 수 없다면
자동차도 탈 수 없겠지.

또 옷이나 신발을 임금이 싼 나라로부터
수입하지 않으면 아마 가격이 올라갈 거야.

맞아. 무역을 하지 않으면
필요한 물건을 비싸게 사야 하거나
아예 쓸 수 없게 돼.

수입품이 잘 팔리는 걸 보고
자극을 받아 새 기술을 개발하면
그 나라의 기술력도 한 단계 높아질 수 있어.

그러니까 무역은 수출국뿐만 아니라
수입국에게도 도움이 되지.

하지만 어느 한 나라가 힘이 세다고
자기 마음대로 무역을 하면 안 되겠지?
무역도 공정하게, 정의롭게 해야
다 같이 잘살 수 있는 거야.

공정 무역이 뭐야?

에코백이 정말 예쁘다!
이모가 선물로 준 거라고?

네팔에서 만들어져
공정 무역으로 들어온 가방이네.
이모가 착한 소비를 했구나.

공정 무역은 뭐고
착한 소비는 또 뭐냐고?

인도, 파키스탄, 네팔, 미얀마의 공장이나
아프리카의 카카오 농장의 일꾼 중에는
어린이들도 있어.

생산 비용을 줄이기 위해서
임금이 싼 어린이에게 일을 시키는 거야.

싼 임금을 주고 생산한 상품은
대부분 다른 나라로 수출해.

이런 사실이 알려지면서
어린이들이 일터가 아닌 학교에 다닐 수 있게
정당한 가격을 주고 상품을 수입하자는
움직임이 시작되었어.

이걸 공정 무역이라고 해.
1960년대 유럽에서 시작되었어.

공정 무역으로 얻은 이익의 일부는
상품을 사 온 지역에 투자하거나
생활 환경을 개선하는 데 사용되었어.

전보다 많은 돈을 주고 수입했으니
판매 가격은 올라갔지.
하지만 가난한 나라를 돕고 싶은
착한 사람들이 기꺼이 공정 무역 상품을 샀어.

이처럼 가난한 나라의 경제 사정과
상품을 만드는 사람의 삶까지 챙기는 소비를
착한 소비라고 해.

공정 무역 제품에 붙은 라벨에는
누가 어디서 어떤 방법으로 생산했는지,
왜 이 제품을 생산했는지 적혀 있기도 하지.

세계 공정 무역의 날인
매년 5월 둘째 토요일에는 한국에서도
이를 기념하는 행사가 열려.
우리도 거기서 착한 소비를 해 볼까?

함께 잘사는 나라 경제

키와 몸무게는 한 사람의 체격을 가늠할 수 있게 해 주는 기준이야.
그렇다면 한 나라의 경제를 가늠하게 해 주는 기준에는 무엇이 있을까?

한 나라의 경제 활동을 알게 해 주는 기준들을 경제 지표라고 해.

국내 총생산(GDP)과 국민 총소득(GNI)은
한 나라 전체의 생산 규모와 소득 수준을 알기 위한 지표이고,
국민들의 평균적인 생활 수준은 1인당 국민 소득으로 알 수 있어.

국내 총생산 (GDP)
일정 기간 동안 나라 안에서 생산한 재화와 서비스의 가치, 즉 부가 가치의 합

국민 총소득 (GNI)
일정 기간 동안 한 나라 국민이 벌어들인 소득의 합

1인당 국민 소득
국민 총소득 ÷ 인구수

GDP가 크면 GNI도 크지만 두 숫자가 똑같지는 않아.
자기 나라 안에서 생산 활동을 하는 사람만 있는 건 아니거든.
외국에서 일하는 한국 사람들도 있잖아.

생산량이 증가하여
국내 총생산이 지난해에 비해 커지면
경제가 성장했다고 해.

경제 성장도 중요하지만
성장의 혜택은 국민 모두에게
골고루 돌아가야 해.

개인이나 기업은 이익을 내기 위해 경제 활동을 해.
하지만 정부와 지방 자치 단체의 경제 활동은
국민의 생활 수준을 고르게 향상시켜서
함께 잘사는 나라를 만드는 게 목적이야.

이를 위해
점점 더 적극적으로
경제 활동에 관여하고 있지.

그런데 정부나 지방 자치 단체가 국민을 위해 많은 일을 하려면
필요한 돈이 늘어나.

이런 돈은
어떻게 마련해야 할까?

경제가 성장하면 더 잘살게 될까?

올해는 국내 총생산이
지난해보다 커져서 경제가 성장할 거래.

국내 총생산이 증가했다면
국민 총소득도 커질 거고
1인당 국민 소득도 늘어날 거야.
그럼 모두 더 잘살게 될까?

어느 가방 공장에
새 기계를 들여온 후 하루 생산량이
100개에서 200개로 늘어났어.

이윤이 훨씬 더 커졌지만
직원들의 임금은 거의 오르지 않았어.

기업주는 이윤이 늘어난 게
전부 새 기계 덕분이라고 생각했거든.

기업주의 사업 소득은 늘어났지만
직원들의 근로 소득은 별로 늘지 않은 거야.

이런 일이 많이 일어나면
경제 성장의 혜택은 고루 나누어지지 않을 거야.
모두 더 잘살게 되지는 않는 거지.

가난한 사람들은 그대로이고
부자들만 더 부자가 될 수도 있어.

이처럼 소득과 재산의 차이가
더 크게 벌어지면 어떻게 될까?

공평하게 나누자는 외침이 생기며
사람들 사이의 갈등도 커질 거야.

그러나 분배만 강조하면서
돈이 많다는 이유로 정당하게 얻은
소득까지 문제 삼으면 곤란해.

지속적으로 경제가 발전하려면
경제 성장을 위해 열심히 일한 사람들
모두에게 제대로 대가가 주어져야 해.

최근 들어 경제 성장으로 늘어난 부를
국민 모두에게 공정하게 분배하는
포용적 성장에 대한 관심이 커졌어.
다행이지?

세금은 왜 내지?

우리나라는 고등학교까지
돈을 내지 않고 학교에 다녀.

나무와 꽃이 아름다운 동네 공원에서는
누구나 산책할 수 있어.

외딴 섬이나 산골 마을 사람들도
전기나 수도를 사용할 수 있지.

나라를 지키는 군인들과
강도나 도둑을 잡는 경찰관이 있으니
안심이야.

매달 통장으로 입금되지~.

소득과 재산이 적은 노인들은
노인 기초 연금을 받으니까 생활비 걱정을
조금 덜 수 있어.

이런 일을 하는 데 필요한 돈은
어디서 생길까?

모두 국민들이 낸 세금이야.
세금이 없다면 다리와 터널, 지하철과
도로 같은 것들을 건설하지 못했을 거야.

세금은 나라 살림살이를 위해
국민으로부터 법에서 정해진 대로
거두어들이는 돈이야.

그렇지만 정부 마음대로
세금을 걷고 쓸 수는 없어.
정부가 세금을 어디에 어떻게 쓸지,
잘 사용했는지는 국회가 심사해.

그래도 우리는 세금이 꼭 필요한 일에
제대로 쓰이는지 살펴야 해.
세금의 주인은 국민이니까.

알고 있니?
초등학생도 세금을 낸다는 걸.
물건을 사고 받은 영수증을 자세히 봐.
'부가 가치세'라고 적혀 있지?

소득세나 재산세처럼
세금을 내야 하는 사람이 직접 내는
세금도 있지만,

부가 가치세처럼 상품이나 서비스 가격에
포함되어 무조건 내야 하는
세금도 있거든.

정부가 하는 일이 많아졌어?

일자리를 늘려 실업자를 줄이고,
가난하고 병들고 나이든 국민들을 보살피고,
아기와 어린이를 돌보고…….

이처럼 국민 생활에 적극적으로
관여하는 정부를 '큰 정부'라고 해.

20세기 초까지는 '작은 정부'였어.
나라의 안전, 국민의 교육,
기본적인 사회 간접 자본 건설 정도가
정부의 역할이었지.

그런데 1929년부터 수년 간
미국은 경제 대공황을 겪게 되었어.
생산량은 절반 넘게 줄었고
실업자는 세 배나 늘어났지.

루스벨트 대통령은 경제를 살리려고
정부가 댐이나 도로 공사를 벌여
적극적으로 일자리를 만드는
뉴딜 정책을 실행했어.

미국 정부가 경제 활동에
적극적으로 나서며 큰 정부가 생겨난 거야.

1960년대부터 큰 정부들은
일자리를 늘리는 데 앞장서는 건 물론이고

국민의 삶의 질을 높이는
복지 제도를 늘리고 소득 재분배에도
적극적이 되었어.

정부가 하는 일이 많아지면
돈이 많이 필요하니까 세금을 더 많이
걷어야 되겠지?

모든 국민을 '요람에서 무덤까지'
보살피는 덴마크의 국민들은
소득의 절반 가까이를 세금으로 내.

한국도 복지 제도가 늘어나면서
소득에서 세금이 차지하는 정도가
조금씩 높아지고 있어.

하지만 아직도 복지 제도가
충분하지 않으니 더 늘어야 한다는
목소리들이 있지.

세금을 더 내더라도
복지 혜택을 늘리는 게 나을까
아니면 세금을 늘리지 않고
지금 수준에 만족하는 게 나을까?

부자 나라가 되면 더 행복해질까?

1960년대 초반 한국은
세계에서 가장 가난한 나라 중 하나였어.
그래서 다른 나라에서 많은 원조를 받았지.

원조는 부자 나라가 가난한 나라에게
물품이나 돈을 그냥 주거나 빌려주는 거야.

이런 원조와 우리의 노력 덕분에
한국은 산업화를 이룰 수 있었고
이제 상당한 원조를 주는 나라로 발전했어.

원조를 받았던 나라에서
원조를 주는 나라로 경제 발전을 이룬 나라는
세계에서 한국뿐이야.

2018년 한국의 1인당 국민 소득은
3만 달러를 넘어섰어.

현재 인구 5천만 명 이상이고
1인당 국민 소득이 한국보다 높은 나라는
미국, 영국, 독일, 프랑스, 이탈리아,
일본 겨우 6개 나라뿐이란다.

앞으로도 경제가 쑥쑥 성장해서
국민들이 더 행복하게 살았으면 좋겠다고?

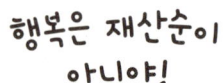

하지만 개인이 더 많은 돈을 벌고,
국가가 더 높은 경제 성장을 이룬다고 해서
더 행복해지는 건 아니야.

2025년에 발표된
UN 세계 행복 보고서에 따르면
한국 사람들의 행복지수는
147개국 중 58위였어.

한국 사람들은 건강하게 오래 살고
꽤 괜찮은 수준의 돈을 벌고 있지만,

내 삶을 자유롭게 선택할 여지가 적고,
어려울 때 친구와 친지의 도움을
기대하기 어렵고,

정부와 사회 시스템이
부패했다고 느끼기 때문이래.

그렇다면 삶의 질을 높이기 위해 나아갈
새로운 방향은 무엇이 되어야 할까?

질문❓하는 사전 시리즈②

질문하는 경제 사전

초판 1쇄 발행 2020년 6월 17일 | **초판 3쇄 발행** 2025년 4월 30일
글 석혜원 | **그림** 정용환
펴낸이 홍석 | **이사** 홍성우 | **편집부장** 이정은
편집 조유진 · 노한나 | **디자인** 양태종 · 김영주 | **외주디자인** 신영미
마케팅 이송희 · 김민경 | **제작** 홍보람 | **관리** 최우리 · 정원경 · 조영행
펴낸곳 도서출판 풀빛 | **등록** 1979년 3월 6일 제2021-000055호
주소 서울특별시 강서구 양천로 583, A동 21층 2110호
전화 02-363-5995(영업) 02-362-8900(편집) | **팩스** 070-4275-0445
전자우편 kids@pulbit.co.kr | **홈페이지** www.pulbit.co.kr
블로그 blog.naver.com/pulbitbooks | **인스타그램** instagram.com/pulbitkids

ISBN 979-11-6172-241-2 74320
ISBN 979-11-6172-057-9 (세트)

ⓒ석혜원, 정용환 2020

*책값은 뒤표지에 표시되어 있습니다.
*파본이나 잘못된 책은 구입하신 곳에서 바꿔 드립니다.

	제품명 아동 도서	**제조년월** 2025년 4월 30일	**사용연령** 8세 이상	⚠ 주 의
	제조자명 도서출판 풀빛	**제조국명** 대한민국	**전화번호** 02-363-5995	종이에 베이거나 긁히지 않도록 조심하세요. 책 모서리가 날카로우니 던지거나 떨어뜨리지 마셔요.
	주소 서울 서대문구 북아현로 11가길 12 3층 (북아현동, 한일빌딩)			
	KC마크는 이 제품이 공통안전기준에 적합하였음을 의미합니다.			